William B. Rice

First hardcover edition published in 2017 by Capstone Press
1710 Roe Crest Drive, North Mankato, Minnesota, 56003
mycapstone.com

Published in cooperation with Teacher Created Materials. Teacher Created Materials is copyright owner of the content contained in this title.

Based on writing from TIME For Kids. TIME For Kids and the TIME For Kids logo are registered trademarks of TIME Inc. Used under license.

Credits
Dona Herweck Rice, *Editor-in-Chief*
Robin Erickson, *Design and Production Manager*
Lee Aucoin, *Creative Director*
Connie Medina, *M.A.Ed., Managing Editor*
Stephanie Reid, *Photo Editor*
Rachelle Cracchiolo, *M.S.Ed., Publisher*

Library of Congress Cataloging-in-Publication data is available on the Library of Congress website.
ISBN: 978-1-5157-5178-6

Image Credits
Cover Erkki & Hanna/Shutterstock; inset: Braam Collins/Shutterstock; p.2-3 Paul Aniszewski/Shutterstock; p.3 Andrea Haase/Shutterstock; p.4-5 Paul Aniszewski/Shutterstock; p.5 top to bottom: A Cotton Photo/Shutterstock; Jim Agronick/Shutterstock; p.6-7 Andrey.tiyk/Shutterstock; p.7 top to bottom: Eky Studio/Shutterstock; Hal_P/Shutterstock; antart/Shutterstock; p.8-9 2009fotofriends/Shutterstock; p.9 top to bottom: 2009fotofriends/Shuttertstock; Eric Baker/Shutterstock; p.10-11 Dr. Morley Read/ Shutterstock; p.10 Eric Gevaert/ Shutterstock; p.11 top to bottom: AridOcean/Shutterstock; Johnny Lye/ Shutterstock; p.12-13 guentermanaus/Shutterstock; p.12 Universal Images Group/Getty Images; p.13 ecoventurestravel/Shutterstock; p.14-15 guentermanaus/Shutterstock; p.14 top to bottom: Ammit/ Shutterstock; Frontpage/ Shutterstock; p.15 rsfatt/Shutterstock; p.16-17 Leagam/Shutterstock; p.16 top to bottom: generacionx/iStockphoto; windmoon/Shutterstock; p.17 amathers/iStockphoto; p.18-19 Dr. Morley Read/Shutterstock; p.18 top to bottom: Gordon Wiltsie/National Geographic Stock; Dirk Ercken/Shutterstock; p.19 Dr. Morley Read/ Shuttetstock; p.20-21 Dr. Morley Read/Shutterstock; p.21 top to bottom: Andrea Haase/Shutterstock; p.22-23 Ronnie Howard/Shutterstock; p.22 dstephens/ iStockphoto; p.24-25 Berndt Fischer/Photolibrary; p.25 E. Sweet/Shutterstock; p.26-27 Dr. Morley Read/ Shutterstock; p.26 Eric Isselée/Shuttetrstock; p.27 top: Eduardo Rivero/Shutterstock; p.27 bottom: Ivanova Inga/Shutterstock; p.28-29 Sergey Kamshylin/Shutterstock; p.28 Shi Yali/Shutterstock; p.29 luoman/ iStockphoto; p.30-31 Paul Aniszewski/Shutterstock; p.32 Dr. Morley Read/ Shutterstock; back cover: windmoon/Shutterstock

Consultant

Timothy Rasinski, Ph.D;
Kent State University

Printed in the United States of America.
010410F17

Tabla de contenido

Selvas antiguas

Las **selvas** están aquí desde hace mucho tiempo. Aparecieron sobre la Tierra antes que las personas. Las selvas cubren grandes áreas de tierra. Se extienden por muchas, muchas millas.

Las selvas pueden ser los lugares más hermosos sobre la Tierra. Allí hay tanto para ver, oler y oír. Los árboles crecen gruesos y altos. Los animales están en los árboles y en el suelo.

Es posible que las **selvas lluviosas tropicales** sean las selvas más bellas de todas. Este libro es acerca de la selva lluviosa tropical más grande del mundo, la Amazonia.

Los lechos de algas marinas son como selvas bajo el agua.

¿Qué constituye una selva?

Las selvas son lugares donde crecen muchos árboles y plantas en espesura sobre una gran área de tierra. Los árboles y las plantas crecen en todas partes. Pero no siempre forman una selva. Se necesitan muchos árboles y plantas que crezcan muy cerca unos de otros para que haya una selva.

Los árboles son una parte clave de las selvas. No importa qué clase de árboles sean. A los diferentes árboles y plantas les gusta crecer en lugares distintos. Algunos árboles y plantas crecen en lugares calurosos y secos, como los desiertos. Algunos árboles crecen donde hay humedad y hace frío, como en las montañas. Algunos crecen donde llueve y hace calor la mayor parte del año. Esas son las selvas lluviosas tropicales.

Acerca de los árboles

Los árboles son plantas leñosas con un solo tallo principal o tronco y muchas ramas. La mayoría de los expertos caracteriza a los árboles con una altura de, por lo menos, 10 pies y muchos años de vida. Este diagrama muestra las partes principales de un árbol.

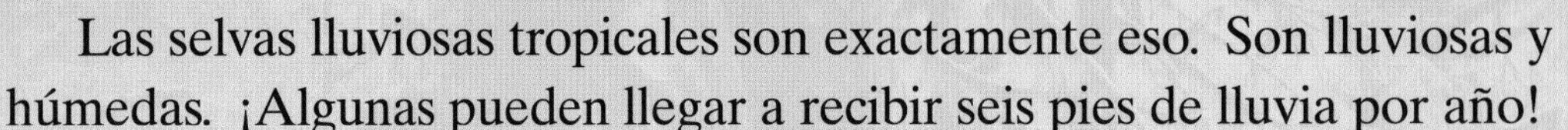

Las selvas lluviosas tropicales son exactamente eso. Son lluviosas y húmedas. ¡Algunas pueden llegar a recibir seis pies de lluvia por año!

Los trópicos son las áreas alrededor de la mitad de la Tierra. Por lo tanto, las selvas lluviosas que hay en esas regiones son selvas lluviosas tropicales. También reciben el nombre de *jungla*.

Selvas lluviosas templadas

La selva lluviosa Hoh se encuentra en el noroeste de los Estados Unidos. Es una **selva lluviosa templada**. Una selva lluviosa se denomina templada cuando está ubicada en las zonas templadas de la Tierra, y generalmente es más fría que los trópicos. La selva Hoh puede recibir más de 150 pulgadas de lluvia por año.

selva lluviosa Hoh,
Parque Nacional Olympic

La selva amazónica

Una de las selvas lluviosas más grandes del mundo es la selva amazónica. Está en la mitad norte de Sudamérica. Con frecuencia, se la llama simplemente *la Amazonia*. La Amazonia es conocida en todo el mundo.

La Amazonia es enorme. Atraviesa varios países. La parte más grande está en Brasil. ¡Cubre aproximadamente la mitad de Brasil!

Hay muchas clases de plantas y animales en la Amazonia. Allí, hay más clases que en cualquier otra parte del mundo. Tienen suficiente agua porque llueve mucho.

El tamarino emperador es uno de los tantos animales que vive en la Amazonia.

La Amazonia

¡La selva amazónica cubre 1,400 millones de acres! Un acre es apenas un poco más pequeño que un campo de fútbol (*soccer*) o de fútbol americano.

En la Amazonia hay muchos grandes ríos y arroyos. Todos confluyen en el río Amazonas. Es el río más grande del mundo. Tiene más agua que cualquier otro río. Es tan grande que se abre en numerosos **brazos**. Los brazos son grandes como ríos de tamaño normal. Todos los brazos desembocan en el océano.

El agua del Amazonas es **agua dulce**. Esto significa que no contiene mucha sal. Es el tipo de agua que beben las personas. El agua del océano es **agua salada**. Tiene mucha sal. ¡El Amazonas envía tanta agua al océano que el agua es dulce hasta unas 100 millas mar adentro!

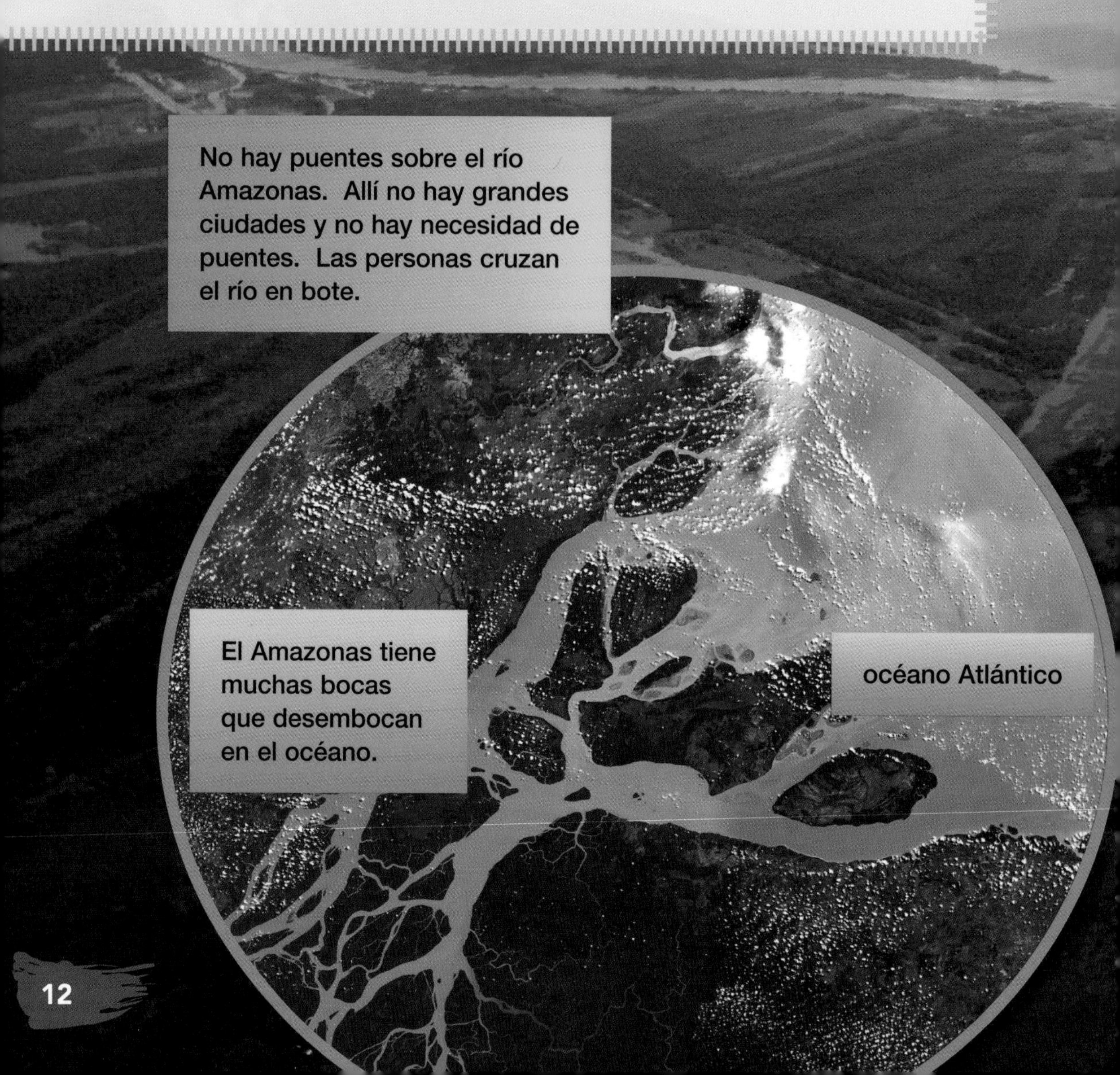

No hay puentes sobre el río Amazonas. Allí no hay grandes ciudades y no hay necesidad de puentes. Las personas cruzan el río en bote.

El Amazonas tiene muchas bocas que desembocan en el océano.

La piraña es un tipo de pez que se encuentra en el río Amazonas. Es conocida por sus dientes afilados y su mordedura peligrosa.

El río Amazonas

El agua que fluye por el río Amazonas, en cualquier momento dado, ¡es más que el total de agua que fluye en los otros siete ríos más grandes del mundo juntos!

En la selva lluviosa de la Amazonia, normalmente llueve más de nueve pies por año.

La gente de la Amazonia

Hay personas viviendo en la Amazonia desde hace miles de años. Hoy en día, hay personas que viven allí de la misma forma que lo hacían hace mucho tiempo. Comen alimentos de la tierra y cazan. Usan los árboles y las plantas para construir refugios. Intentan convivir con la selva lluviosa y no dañarla.

Conton, en el país de Ecuador, es una ciudad en el límite de la selva lluviosa.

Las personas viven en la Amazonia de dos maneras muy diferentes.

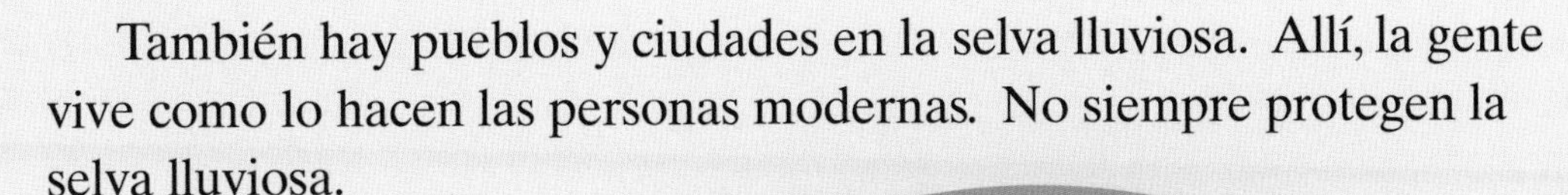

También hay pueblos y ciudades en la selva lluviosa. Allí, la gente vive como lo hacen las personas modernas. No siempre protegen la selva lluviosa.

Descendientes en la Amazonia

Unos quinientos años atrás, vivían millones de personas en la Amazonia. Luego llegaron los exploradores europeos y cambiaron la vida de esas personas. Muchos fueron asesinados, y muchos más murieron de enfermedades que trajeron los europeos. Hoy en día, apenas unos cien mil de sus **descendientes** viven en la jungla.

La flora de la Amazonia

Entra a la Amazonia. Pronto estarás rodeado de una exuberante vida vegetal. Las hojas y las ramas trepan más alto que tu cabeza. Las enredaderas cuelgan hasta el **estrato herbáceo**. Se filtra poca luz solar a través de la espesa maraña de árboles.

La ceiba

El árbol más alto en la Amazonia es la ceiba. Puede alcanzar los 200 pies.

La ceiba tiene flores hermosas.

Puedes ver plantas y animales que viven en las ramas altas. Sus llamados y su cotorreo llenan el aire. Esta capa de los árboles es el **dosel**. Algunos árboles surgen por encima de esta capa. Desde el suelo de la selva no puedes verlos. Son la capa **emergente**. Se llaman así porque emergen, o atraviesan, el espeso dosel.

Si miras hacia abajo, verás el suelo de la selva. Está cubierto de plantas y hasta de animales muertos. Entran en **descomposición**, es decir, se desintegran. Esto sucede rápido porque hay humedad y hace calor.

La seta es el "fruto" de un hongo.

Hongos

Un hongo es un ser vivo. Es importante para la selva lluviosa porque ayuda a que las plantas y los animales muertos se descompongan. Los hongos se alimentan de ellos. Las plantas usan los deshechos de los hongos para alimentarse.

El **sotobosque** está entre el suelo y el dosel. Se compone de **arbustos** y árboles pequeños. Algunos árboles pequeños deben esperar a que los árboles con más años y los árboles más altos mueran. Entonces podrán crecer y ocupar su lugar. En el sotobosque viven muchos animales grandes, como el jaguar. Estos animales no pueden trepar más alto que el sotobosque.

El hogar

El suelo de la selva lluviosa es espeso y oscuro. Es el hogar de miles de clases de insectos y animales pequeños.

Las **lianas** son una clase de enredadera larga y leñosa. Crecen en el suelo pero se trepan a los árboles para alcanzar la luz del sol en el dosel. A veces, crecen entre los árboles. Los animales las usan como puentes. Son tan fuertes que pueden sostener a las personas con facilidad.

Casi todas las plantas son flexibles cuando son jóvenes y se ponen tiesas cuando son viejas. Las lianas están tiesas cuando son jóvenes y son flexibles cuando son viejas.

No sólo para el chocolate

El árbol de cacao produce más de 150 sustancias químicas en sus hojas, semillas, frutos y corteza. Los nativos usaban partes del árbol como medicina para curar la tos, la fatiga, la fiebre y la ansiedad. El chocolate también se obtiene del árbol de cacao.

Animales sorprendentes

Podrás ver una huella de pata. Podrás oír cómo crujen las hojas. Pero nunca verás un jaguar, a menos que el jaguar quiera verte a ti, ¡muy de cerca!

Los jaguares recorren la Amazonia. Son cazadores poderosos. Los nativos honran al jaguar por su fuerza e intrepidez. Se le ve como a un líder y protector en la jungla. Ayuda a mantener el equilibrio en la selva lluviosa al cazar **presas** pequeñas.

Los monos en la Amazonia tienen colas que pueden atrapar objetos o sostenerse de ellos. ¡La cola es casi como otra mano!

Gatos grandes

Los jaguares son el tercer felino (o gato) más grande después de los leones y los tigres. Pueden ser más largos que la altura de un hombre y pesar más que un boxeador de peso pesado de 200 libras.

Una de las serpientes más grandes del mundo se encuentra en la Amazonia. Es la anaconda verde. Sólo existe una clase de serpiente más larga. Ninguna serpiente es más pesada. Los nativos la llaman *la madre de las aguas* porque pasa gran parte del tiempo en el agua. ¡Ten cuidado si nadas en el Amazonas!

Una anaconda puede comer animales grandes. ¡Puede comer un carpincho y hasta un jaguar! Captura y mata a sus presas.

La anaconda caza de noche.

¡Enorme!

El carpincho es el roedor más grande del mundo. ¡Puede medir hasta 4 pies de largo y pesar hasta 140 libras! Vive en la Amazonia y en otras áreas selváticas de Sudamérica.

Existen miles de **especies** de insectos en la Amazonia. Ni siquiera las conocemos a todas. Pero sí sabemos que hay hormigas. ¡Las hormigas están por todas partes en la jungla!

Una clase de hormiga es la hormiga soldado. Estas hormigas marchan en largas filas como los soldados. Marchan en busca de presas. Luego las atacan en enjambre y las comen. Trabajan juntas como un solo cuerpo. No hacen ruido al marchar. Pero los otros animales hacen ruido al huir de las hormigas en marcha.

Hormigas cortadoras

Las hormigas cortadoras tienen este nombre porque cortan las hojas de las plantas para llevarlas a sus hormigueros. Utilizan los trozos de hojas para criar hongos, que es el alimento para sus larvas, o bebés.

Tucanes

Una de las aves más inusuales de la Amazonia es el tucán. Los tucanes tienen uno de los **picos** más largos y coloridos de todas las aves del mundo.

El futuro

La Amazonia está llena de plantas y animales hermosos. También viven allí personas hermosas. Pero hay personas que quieren usar la tierra para hacer cosas que dañan la selva. Queman grandes extensiones de árboles. Esto se llama **deforestación**.

La deforestación destruye el modo de vida de los nativos. Hace que se extingan miles de especies de plantas y animales. Hasta cambia nuestro aire y nuestro clima. Los árboles producen gran parte del aire que respiramos. Ayudan a mantener el equilibrio del clima en la Tierra.

La humanidad entera cuenta con la selva lluviosa de la Amazonia. No podemos permitir que se pierda.

Las plantas de la Amazonia se usan para muchos tipos de medicinas.

¿Por qué se deforesta?

Cuando las personas quitan los árboles, utilizan la tierra para cultivar granos que se usan para alimentar a los animales de granja. Las personas se alimentan de los animales de granja. No es legal cortar los árboles de la Amazonia. De manera que las personas los queman para esconder la evidencia. Cada día, destruyen grandes partes de la selva lluviosa.

Glosario

agua dulce—el agua con muy poca sal, como la de los lagos y los ríos

agua salada—el agua que contiene mucha sal, como la del océano

arbustos—unas plantas con ramas cerca del suelo, sin un tronco central

brazos—las secciones menores de un río

deforestación—la tala o quema de plantas y árboles de una selva

descendientes—toda la prole de una persona o grupo de personas

descomposición—romperse en pedazos más pequeños por medio de la acción de hongos, bacterias y el clima

dosel—la parte más alta de los árboles de una selva

emergente—que atraviesa o que tiene un nuevo conjunto de características

especies—las categorías de seres vivos, formadas por individuos relacionados

estrato herbáceo—la capa de hojas, plantas y partes de animales en descomposición en el suelo de la selva

lianas—unas enredaderas largas y leñosas que crecen en el suelo y trepan a lo alto de los árboles

picos—la gran prolongación de la boca de las aves, usada para capturar su alimento

presa—un animal cazado o capturado por otro animal y luego comido como alimento

selva lluviosa templada—una selva que se encuentra en las zonas templadas de la Tierra, con temperaturas más frías y gran cantidad de lluvia

selvas—las grandes y espesas áreas de árboles y plantas

selvas lluviosas tropicales—las selvas que se encuentran en las zonas tropicales de la Tierra, con temperaturas más altas y gran cantidad de lluvia uniforme

sotobosque—las plantas y árboles de una selva lluviosa que están entremedio del dosel y el suelo de la selva

Índice

Acerca del autor

William Rice creció en Pomona, California, y se graduó en la Universidad Estatal de Idaho con un título en geología. Trabaja en un organismo estatal de California que se esfuerza por proteger la calidad de los recursos de agua superficiales y bajo tierra. Para William es importante proteger y preservar el medio ambiente. Es casado, tiene dos hijos y vive en el sur de California.